El Libro de la Conferencia

Las Joyas de la Sabiduria de Metatrón

Secretos de Kabbalah revelados

ISBN: 978-84-09-13454-0
Depósito Legal: M-35937-2019
1ª Edición: Diciembre 2019 - Kislev 5780
Autor: Albert Gozlan
Diseño: Sharon Rivka
Ilustraciones: Michelandia.com

AVISO:

Este libro contiene Nombres de D-ios de alto voltage vibratorio, y no debe entrar en un cuarto de baño, o en lugares poco limpios o impuros.

Sobre el autor: Albert Gozlan

Maestro de Kabbalah, iniciado en Kabbalah desde hace más de 35 años, por el Maestro Yehiel Shemer Z.L., director de la escuela de Kabbalah de Tel Aviv.

Lleva más de 25 años enseñando:
- La Kabbalah del Sefer Yetzirah.
- La Kabbalah de Ramhal.
- La Kabbalah del Arizal.
- La Kabbalah del Gaón de Vilna.
- La Kabbalah de Rabbi Shimón bar Yohai.
- La Kabbalah de Rabbi Abraham Abulafia.
- y de otros Maestros de feliz memoria.

Autor, escritor y ponente:

En 2009 crea la escuela de Kabbalah y meditación kabbalística Yehiel Foundation.

Difunde la enseñanza de los secretos del Cielo y técnicas de meditación kabbalística a través de la web www.kabbalahmashiah.com y el canal de YouTube Kabbalah Mashiah. También ha creado la web www.almashermanas.com para facilitar el encuentro de almas hermanas y formar parejas.

Ha realizado varias conferencias de Kabbalah en México, Estados Unidos, España e Israel.

Ha escrito 17 libros:
- El Libro de la Redención (2008).
- La Kabbalah de la Conexión con D-ios (2012).
- La Kabbalah de la vuelta al Edén - Tomo I, Bereshit (2014).
- La Kabbalah de la vuelta al Edén - Tomo II, Shemot (2015).
- La Kabbalah de la vuelta al Edén - Tomo III, Vayikra (2016).
- El Libro de Yonín - Tomo 1 (2016).
- La Kabbalah de la vuelta al Edén - Tomo IV, Bamidbar (2016).

- La Kabbalah de la vuelta al Edén - Tomo V, Devarim (2017).
- El Libro de Yonín - Tomo 2, El regalo de Shabbat (2017).
- El Libro de Yonín - Tomo 3, El poder del Mikveh (2018).
- Secretos Kabbalísticos del Sefer Yetzirah (2018).
- La Kabbalah de la Tefila con Kavanah - Preliminares (2018).
- Sexualidad Kabbalística (2019).
- El Libro de Yonín - Tomo 4, Las Naciones liberadas del yugo de los Príncipes Celestes (2019).
- La Kabbalah del Éxito en los Negocios (2019).
- Los Secretos de Shabbat (2019).
- El Libro de la Conferencia: Las Joyas de la Sabiduría de Metatrón (2019).

Índice

Agradecimientos

Bienvenidos.

Ante todo doy las **gracias** a:

- **Hakadosh Baruj Hu** por haberme prestado vida hasta el día de hoy y permitirme difundir este conocimiento.
- Al **equipo de Kabbalah Mashiah** que hizo un trabajo colosal de organización.
- A los **sponsors** que ayudaron a este evento.
- A **mis hijos y familiares** que encuadran esta organización y logística.
- A **todos vosotros** que habéis hecho un gran esfuerzo para llegar a escuchar estos secretos del Cielo y que os hacen merecedores de mucha bendición.

Introducción

Tema de esta conferencia

El Libro de **Janoj**
o Libro de los **Palacios**

Esta conferencia supera todo lo conocido y todo lo que he enseñado hasta hoy.

Además del aspecto de enseñar su sabiduría, haremos unos talleres prácticos que nos llevarán a una ascensión espiritual jamás lograda.

Es una ENSEÑANZA MÍSTICA de TRANSMISIÓN ORAL también llamada:

"El Libro de Janoj"

o

"El Libro de los Palacios"

Preguntas

Esta **CONFERENCIA** pretende contestar a las **PREGUNTAS** siguientes:

1. ¿Por qué revelamos lo que nunca se reveló?
2. ¿Por qué se invitan a esta revelación a judíos y gentiles?
3. ¿Qué tiene de particular esta conferencia con respecto a otras que hice?
4. ¿Qué poderes otorgan los talleres de meditación que haremos?
5. ¿Este conocimiento puede ayudar a mi país?
6. ¿Este conocimiento puede cambiar el mundo?
7. ¿Estas meditaciones pueden manifestar en este mundo inteligencias espirituales correctoras?

Referencias

El Libro de **Janoj**
o Libro de los **Palacios**

Fue escrito por los mayores TANAÍM (maestros de la Ley hebrea):

- RABBI ISMAEL
- RABBI AKIBA
- RABBI NEHUNIA BEN HAKANA
- RABBI ELIEZER EL GRANDE

Los **comentarios** a estos escritos fueron realizados por genios de la Kabbalah judía:

- RABBI ELEAZAR DE WORMS.
- y otros GAONIM (genios) KABBALISTAS.

El Libro de **Janoj**
o Libro de los **Palacios**

también se llama:

La Mística de la Merkava (del Carro)

La Mística del Trono

Son RELATOS DE LA VISIÓN CELESTE.

Son revelaciones del ángel METATRON a RABBI ISMAËL, en el año 132 siglo I, y desarrollado en la época de los GUEONIM desde el siglo VII hasta el siglo XI.

Referencias

El **Talmud de Babilonia** hace tres veces referencia a **Metatrón**:

- Sanhedrin 38b.
- Haguiga 15a.
- Avoda Zara 3b.

El Tratado del Libro de Janoj

descripción

este libro describe:

- La ascensión de RABBI ISMAEL y su encuentro con Metatrón,
- la ascensión y exaltación de Janoj,
- la organización del mundo Celeste y sus actividades,
- y trata de la cosmología y conocimientos de teología.

Los habitantes del Cielo

La Mística de la Merkava: del Carro

Los Ángeles:

- D-ios se sirve de los Ángeles para dirigir el mundo y la historia de la cual es el soberano.

- Los Ángeles acompañan a cada uno, de manera invisible, silenciosa, protectora e íntima, en todas las actividades cotidianas.

¿Cómo se creó el Mundo?

- He descodificado el LIBRO DE LOS PALACIOS, toda la Redención de la humanidad está descrita con detalles.
- Sólo conocerla, ya la activa.
- Conocer es conectar.
- Es la mística de la Merkava.
- Es la mística del Trono.
- D-ios vertió su simiente en el universo y la vistió de planetas y estrellas, luego nuestro universo es el "Hijo de D-ios".
- Y está **SECUESTRADO**.

D-ios vertió su simiente

Letras Hebreas

Creación del Mundo

D-ios vertió su simiente y creó el Mundo

El Sistema Planetario

Influencia astral

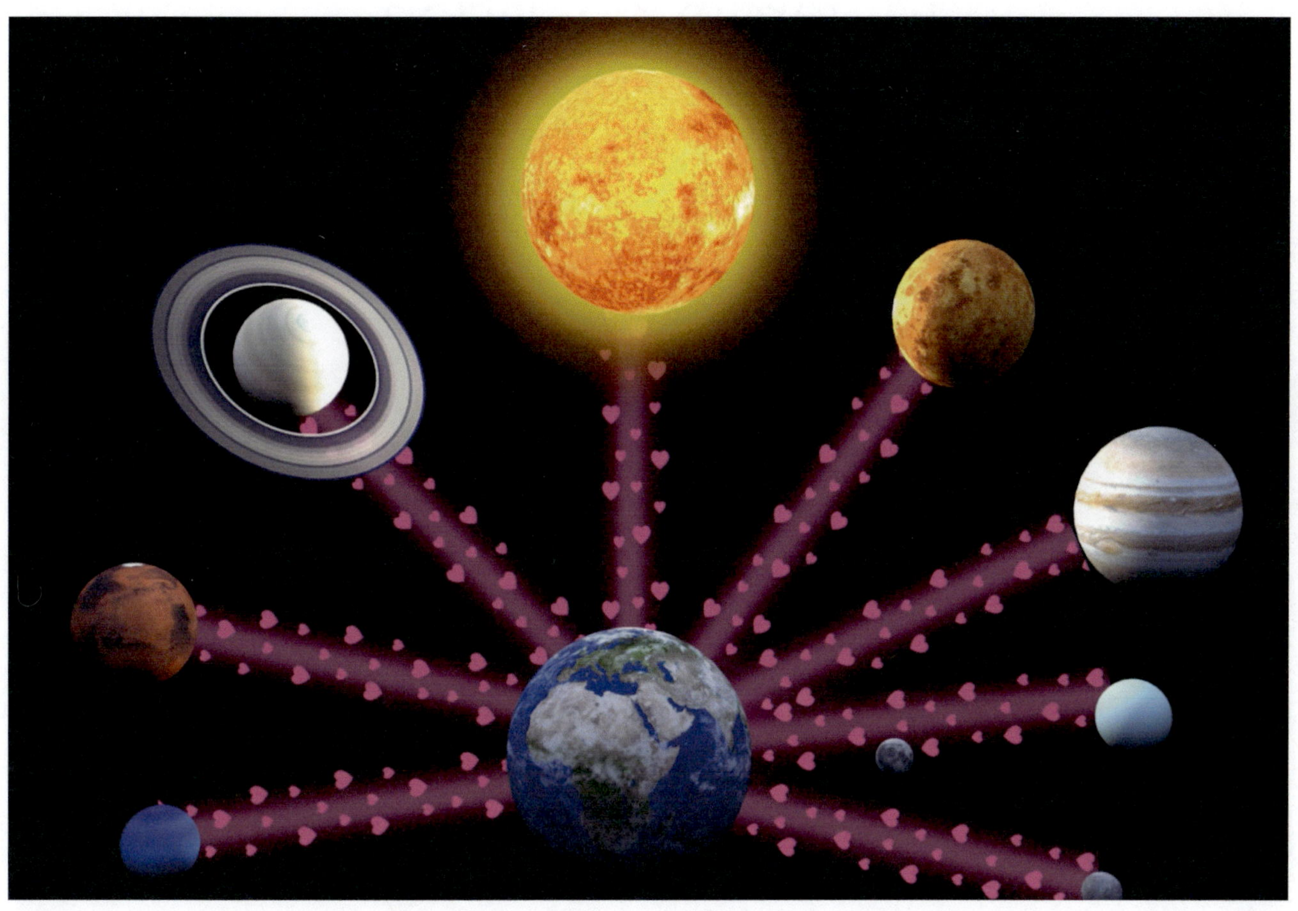

Amor Compasión Armonía

Gan Edén

El Jardín del Edén

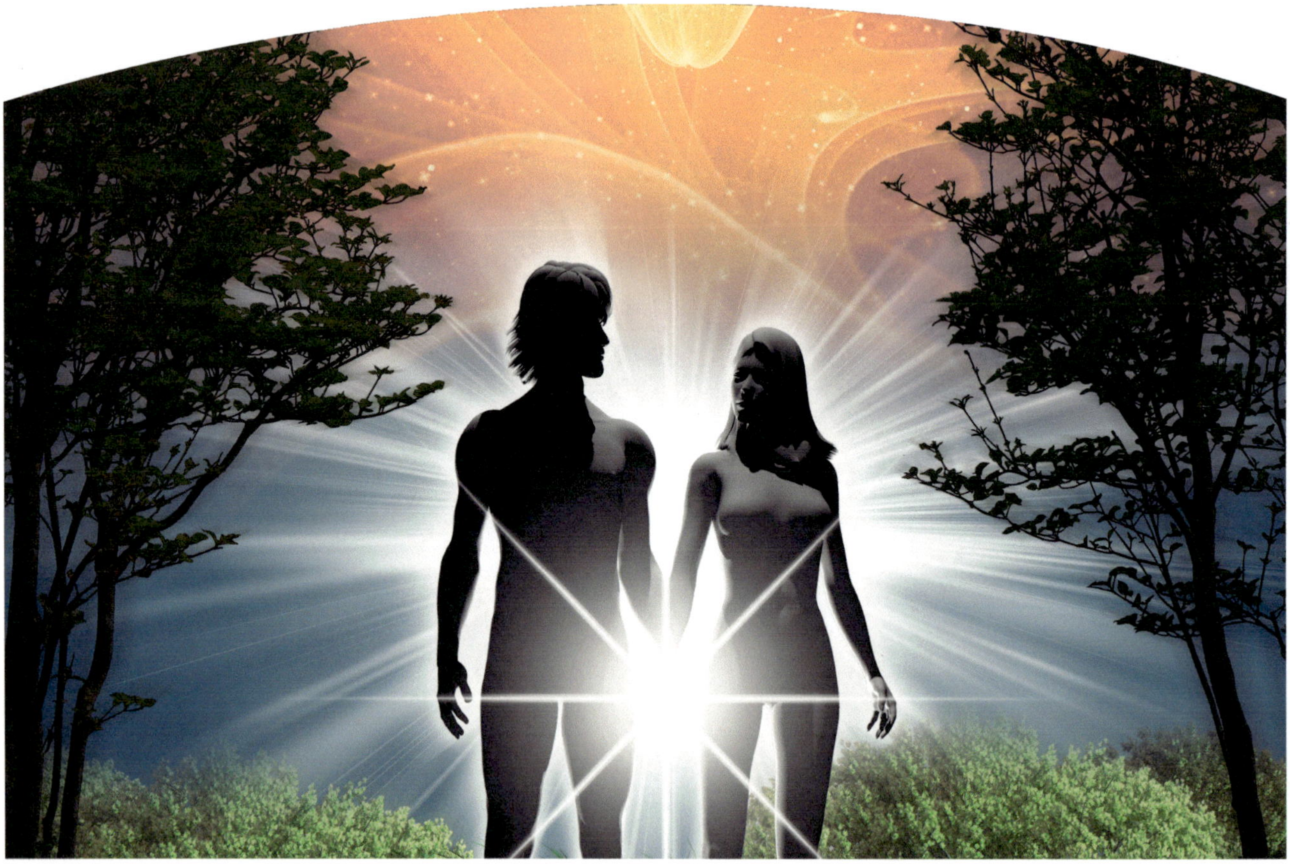

Adam y Hava

Secuestro

Accidente cósmico

con la conducta de Adam y Hava

Origen del **secuestro** del hijo cósmico del Creador

- **Hava** (Eva) copuló energéticamente con el **Satán**
- y **Adam** copuló energéticamente con **Lilith**

Consecuencias
de la conducta de Adam y Hava

- Eso dio nacimiento a fuerzas negativas que pueblan nuestro mundo haciéndonos la vida muy difícil.
- Siendo el Satán y Lilith los nuevos pilotos de las fuerzas astrales que nos inducen a pecar y luego, cuando lo consiguen, enojan al Creador y generan Karma (Tikún) sobre los humanos.

Secuestro del Sistema Planetario

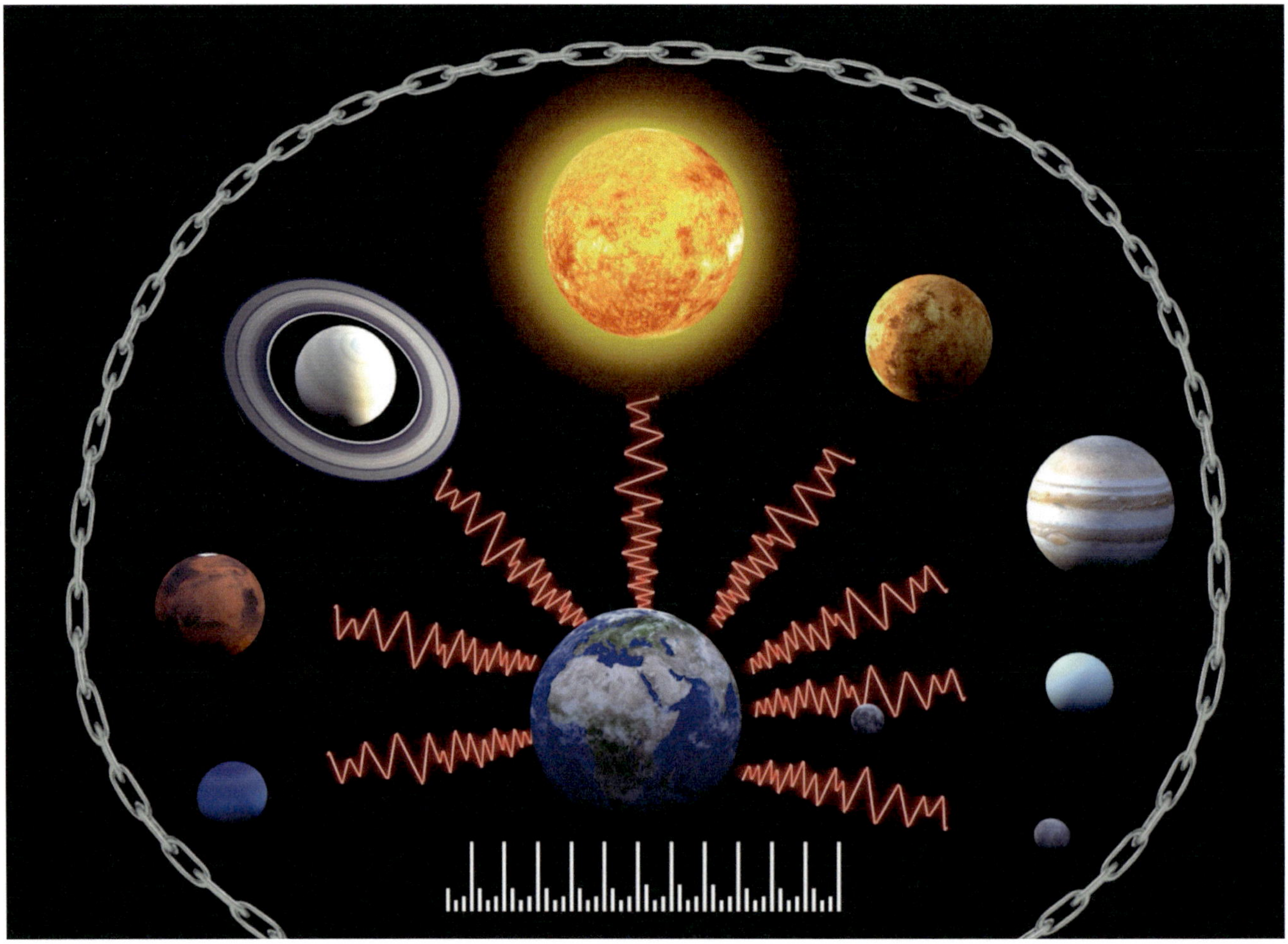

Tikún Karma Rigor Severidad

Resultado

Expulsión del Gan Edén Caos Guerras

¿Quiénes son los **secuestradores** del Trono de D-ios?

Samael y **Lilith** y su familia:

- los **Shedim**
- los **Mazikim**
- los **Mekatreguim**
- los **Erev Rav**
- los **Sarim** en rebelión

Los secuestradores y sus maldades específicas

Lo que cada secuestrador provoca y daña

Nefilim

Secuestrador Demonio

Disfrutan creando **problemas de pareja.**

Detestan que los humanos se amen entre sí, y encuentran infinidad de formas para convertir el amor en desamor.

SOLUCIÓN → MIKVEH

→ Salmo 119 Shalom Ha Bait

Guiborim

Secuestrador Demonio

Crean problemas incitando a la **búsqueda de honores**.

Sus víctimas no tendrán piedad en destruir todo y a todos los que se atraviesen en su camino con tal de obtener alimento para su vanidad.

SOLUCIÓN → KETORET

Amalekim

Secuestrador Demonio

Incitan a **alejarse de la Kabbalah.**

Irónicamente, la víctima, producto de la despiadada maldad de este ángel, se aleja del verdadero conocimiento que lo puede liberar de sus tormentos.

SOLUCIÓN → MINJA con KAVANAH

Anakim

Secuestrador Demonio

Sienten placer generando **odio gratuito** entre las personas.

Por muy absurdos que sean los motivos, las personas sentirán un enorme y oscuro deseo de venganza y de odio irracional.

SOLUCIÓN → AMAR AL CREADOR

Refaim

Secuestrador Demonio

Esta entidad abominable hace que sus víctimas maldigan, se peleen y creen **caos**.

Siembra el desacuerdo y la discordia.

SOLUCIÓN → SHALOM BAIT
→ SHABBAT

También conspiraron contra el Creador

- los **Sarim** (príncipes de las Naciones).
- los **Erev Rav** (magos egipcios infiltrados).
- los **Shedim** (espíritus demoniacos).
- los **Mekatreguim** (acusadores).
- los **Mazikim** (demonios).

Los Sarim
Príncipes de las Naciones

Los Sarim rebeldes hacen un motín contra el Creador

Los Sarim
Motín contra el Creador

Ellos te inducen a tropezar.

El error conseguido por ellos queda grabado en la memoria astral, y en consecuencia se genera un Tikún.

El Tikún genera caos.

Todo este proceso es una manipulación ficticia y artificial basada en una **conspiración**.

Los 70 Sarim y sus nombres

1. Hadiriron
2. Heromiron
3. Beroradin
4. Neouriron
5. Guebiriron
6. Kebiriron
7. Dorriron
8. Sebiriron
9. Zehiroron
10. Hadidron
11. Vebidriron
12. Vediriron
13. Peruriron
14. Hisiridon
15. Ledoriron
16. Tarbiron
17. Satriron
18. Adiriron
19. Dekiriron
20. Lediriron
21. Cheririron
22. Tebiriron
23. Taptapiron
24. Apapiron
25. Chapchapiron
26. Tsaptsapiron
27. Gabgapiron
28. Raprapiron
29. Dapdapiron
30. Qapqapuron
31. Haphapiron
32. Vaprapiron
33. Pappapiron
34. Zapzapiron
35. Taptapiron
36. Apapiron
37. Mapmapiron
38. Sapsapiron
39. Napnapiron
40. Laplapiron
41. Vapvapiron
42. Kapkapiron
43. Haphapiron
44. Tabtabib
45. Ababib
46. Qabqabib
47. Chabchabib
48. Bababib
49. Tsabtsabib
50. Gabgabib
51. Rabrabib
52. Harabrabib
53. Pabpabib
54. Habhabib
55. Âbâbib
56. Zazabib
57. Absabib
58. Hashasib
59. Tabtabib
60. Vesisib
61. Pabpabib
62. Basbasib
63. Papnabib
64. Lablabib
65. Mabmabib
66. Nupkabib
67. Mammambib
68. Nupnubib
69. Paspabib
70. Tsatstsib

Janoj

El Libro de “JANOJ” está ligado a la:

MÍSTICA DE LA MERKAVA *(del Carro).*

En la literatura de los “PALACIOS”, los Ángeles son:

1. Mediadores,
2. Maestros,
3. Transmisores de los secretos de la Torah,
4. Transmisores de los secretos de la Creación,
5. Sacerdotes en el Templo Celeste.

Janoj חֲנוֹךְ

su ascensión referencias

- Janoj era muy importante en el seno de los esenios.
- Los esenios eran Kabbalistas ortodoxos que vivían una vida basada en la ascensión.
- Janoj consiguió la ascensión y se convirtió en Metatrón el cual fue ungido por Mijael.

Janoj חֲנוֹךְ era un hombre:

- Piadoso,
- Sabio,
- Que inició a los pueblos al culto de Hakadosh Baruj Hu,
- Que inauguró la astrología kabbalística,
- Que dio una religión a los otros pueblos,
- Que les ordenó respetar las fiestas judías,
- Que les ordenó de hacer sacrificios,
- Que les ordenó de no comer ciertos alimentos,
- Que les ordenó de no tener relaciones sexuales con mujeres menstruando,
- Que les ordenó de no tocar a un muerto,
- Que les ordenó de multiplicarse,
- Que los dividió en Reyes, Sacerdotes y Pueblo.

¿Cómo el hombre "Janoj" se transforma en "Metatrón"?

Hubo un proceso en la Génesis según el cual Adam en el Gan Edén (hombre de luz) fue conducido fuera del Gan Edén (Paraíso), se vistió de un cuerpo de piel y bajó a este mundo.

Los profetas de feliz memoria prometieron la Redención, es decir la vuelta al estado original de Adam en el Paraíso, es decir el fin de la muerte y la vuelta al Gan Edén.

¿Cómo "Janoj" se transformó en "Metatrón"?

- Janoj es hijo de Yered, descendiente de Seth.
- Le instruyó un ángel y le convitió en Rey, juez, y profeta de todos los pueblos.
- Hizo reinar la paz y la equidad.
- Fue trasladado al Cielo, cansado de reinar sobre los hombres, para reinar sobre los hijos de D-ios en el Cielo, lo mismo que reinó en la Tierra.
- Le nombró D-ios "Rey del Mundo Angélico".
- Janoj engendró a Matusalem a los 65 años, y vivió 365 años en la época antediluviana, engendrando más hijos e hijas, y luego D-ios se lo llevó.
- Midrash Rabba de Bereshit 25:1
  "Y D-ios se lo llevó, y ya no estuvo aquí".

Referencia: Janoj חֲנוֹךְ

"Y D-ios se lo llevó,
y ya no estuvo aquí."

Midrash Rabba de Bereshit 25:1

וַיִּתְהַלֵּךְ חֲנוֹךְ אֶת הָאֱלֹהִים וְאֵינֶנּוּ כִּי לָקַח אֹתוֹ אֱלֹהִים (בראשית ה, כד), אָמַר רַבִּי חָמָא בַּר הוֹשַׁעְיָא אֵינוֹ נִכְתַּב בְּתוֹךְ טִימוֹסָן שֶׁל צַדִּיקִים אֶלָּא בְּתוֹךְ טִימוֹסָן שֶׁל רְשָׁעִים. אָמַר רַבִּי אַיְבוּ חֲנוֹךְ חָנֵף הָיָה, פְּעָמִים צַדִּיק פְּעָמִים רָשָׁע, אָמַר הַקָּדוֹשׁ בָּרוּךְ הוּא עַד שֶׁהוּא בְּצִדְקוֹ אֲסַלְּקֶנּוּ. אָמַר רַבִּי אַיְבוּ בְּרֹאשׁ הַשָּׁנָה דָּנוֹ בְּשָׁעָה שֶׁהוּא דָּן כָּל בָּאֵי עוֹלָם. אֶפִּיקוֹרְסִים שָׁאֲלוּ לְרַבִּי אַבָּהוּ אָמְרוּ לוֹ אֵין אָנוּ מוֹצְאִין מִיתָה לַחֲנוֹךְ, אָמַר לָהֶם לָמָּה, אָמְרוּ לוֹ נֶאֶמְרָה כָּאן לְקִיחָה וְנֶאֶמְרָה לְהַלָּן (מלכים ב ב, ה): כִּי הַיּוֹם ה' לֹקֵחַ אֶת אֲדֹנֶיךָ מֵעַל רֹאשֶׁךָ, אָמַר לָהֶם אִם לִלְּקִיחָה אַתֶּם דּוֹרְשִׁים, נֶאֱמַר כָּאן לְקִיחָה וְנֶאֱמַר לְהַלָּן (יחזקאל כד, טז): הִנְנִי לֹקֵחַ מִמְּךָ אֶת מַחְמַד עֵינֶיךָ, אָמַר רַבִּי תַּנְחוּמָא יָפֶה הֱשִׁיבָן רַבִּי אַבָּהוּ. מַטְרוֹנָה שָׁאֲלָה אֶת רַבִּי יוֹסֵי אָמְרָה לוֹ אֵין אָנוּ מוֹצְאִין מִיתָה בַּחֲנוֹךְ, אָמַר לָהּ אִלּוּ נֶאֱמַר (בראשית ה, כד): וַיִּתְהַלֵּךְ חֲנוֹךְ אֶת הָאֱלֹהִים וְשָׁתַק, הָיִיתִי אוֹמֵר כִּדְבָרַיִךְ, כְּשֶׁהוּא אוֹמֵר וְאֵינֶנּוּ כִּי לָקַח אֹתוֹ אֱלֹהִים, וְאֵינֶנּוּ בָּעוֹלָם הַזֶּה כִּי לָקַח אֹתוֹ אֱלֹהִים.

Referencia

Torah Bereshit 5:24

כד וַיִּתְהַלֵּךְ חֲנוֹךְ, אֶת-הָאֱלֹהִים;
וְאֵינֶנּוּ, כִּי-לָקַח אֹתוֹ אֱלֹהִים

"Y anduvo Janoj con D-ios,
y desapareció, porque se lo llevó D-ios."

Angelomorfosis

Príncipe del Destino

Janoj es una alma de Adam que se desprendió de Adam, antes del pecado de haber comido del Árbol del Conocimiento del bien y del mal.

A cada hombre le corresponde un ángel en el Cielo que es su **Alter-Ego**, a su imagen y semejanza.

Ese ángel arquetípico interviene para fijar el destino del individuo.

Ese ángel es el que aparece al hombre en la Tierra, se le llama

"Príncipe del Destino".

Al **Janoj** terrestre, le corresponde **Metatrón**, Príncipe del Mundo, como su **Ángel del Destino**

- La parte ATZILUT del alma de Adam, o sea su alma Divina, la heredó JANOJ con su ALTER-EGO DIVINO.
- Su Ángel del Destino se llama **ZOHAR ILAÂ** (esplendor de arriba).

Ascensión

- Cuando JANOJ fue ascendido al Cielo, eso le hizo fundirse con su "Ángel del Destino" que es METATRÓN.
- Eso es su reencuentro con su "Yo-Angélico".
- Esa alma Divina de Adam que se desprendió antes del pecado en el Gan Edén, fue transmigrando.

Jefe de los seres Celestes

- D-ios restauró en JANOJ la condición adámica primordial,
- y en calidad de Metatrón, le identificó como jefe de los seres Celestes,
- según un proceso de transformación.
- Metatrón viene de la raíz griega "metete" que quiere decir transferir y la partícula final en la angelología "ron" es partícula de nombres de ángeles como por ejemplo "Adiryarón" o "Sanegorón". Luego Metatrón significa el que fue transferido al estado de ángel.

Yosef Ha Tzadik

- Yosef Ha Tzadik mereció tener el alma de Metatrón (Dibuk: inserción de un alma huesped siendo Yosef Ha Tzadik su anfitrión).
- Por eso Yosef tenía la belleza del primer hombre: Adam.
- Yosef adquirió el alma de Metatrón cuando salió de la prisión del faraón.
- Y como Metatrón es el príncipe de las 70 Naciones (Sar de Goyim), en ese momento Yosef supo hablar las 70 lenguas.

El Príncipe del Destino

- "El Príncipe del Destino" es el que transmite secretos proféticos a su reflejado humano.

- D-ios creó al hombre a su imagen (a la de su Ángel del Destino), a su imagen le creó.

- Después de la muerte, nuestra alma se reune con el "alma-ángel-del-destino".

- Para el Tzadik, el ángel del destino que le corresponde es un ángel de paz y de misericordia.

- Pero para el Rasha (impío), el ángel del destino es un ángel destructor y de faz colérica.

¿Quién es Metatrón?

viene de la raíz griega **METETE**
transferir

y la partícula final **RON**
nombres de ángeles

Metatrón significa:

que **fue transferido al estado de ÁNGEL**

Metatrón

Metatrón hijo de Yered

Príncipe del Mundo

Metatrón

1. Fue el **GUÍA** de **ABRAHAM AVINU.**

2. Fue el **SALVADOR** de **ISAAC.**

3. Guió a **ISRAEL** en el desierto.

4. Destruyó **SODOMA** y **GOMORRA.**

5. Guió a **YEHOSHUA BIN NUN.**

6. Será quien lleve la guerra asistiendo a **MASHIAH** para **VENCER** a **SAMAEL** y a **LILITH.**

7. Es quien **DEFIENDE** a **ISRAEL.**

Los primeros nombres de Metatrón

YAOËL

ATATYAH

MIHAËL

BIZBUL

ZEVUL

KIMOS

MEATAH

KASBASKEBAS

Los nombres de Metatrón

- Metatrón entregó la Torah a Moshe con el nombre de **SEGANSAGUIEL**
  Meditación en la pág. 105

- Metatrón como maestro de Moshe le enseñó con el nombre de **ZEGAZGANAEL**
  Meditación en la pág. 103

- Metatrón adopta el nombre **SURIEL HA PANIM** cuando le consultamos sobre secretos del Cielo.
  Meditación en la pág. 104

- **SURIEL** contesta sobre difuntos, sobre decretos, sobre futuro.

- Metatrón adopta el nombre de **YEFIFIA** para ayudar a entender el sentido esotérico de los acontecimientos.
  Meditación en la pág. 107

Metatrón, el único

- Metatrón y su poder ha generado tal influencia que muchas religiones se han construido adaptando ese poder a sus ídolos.

- Pero la Kedusha de Metatrón no se puede alterar, ni sustituir, ni adulterar, porque su origen está plasmado en la mística judía y en el Talmud de Babilonia, y eso es auténtico y genuino, de modo que las copias nunca se acercarán al original.

Metatrón

METATRÓN lleva el nombre de su Maestro YHVH. *(TALMUD SANHEDRIN 38:b).*

GÉNESIS 5:24 le indentifica con JANOJ.

METATRÓN es el ABOGADO CELESTE de ISRAEL.

METATRÓN conoce los SECRETOS DE D-IOS.

Es el COHEN GADOL del Templo Celeste.

En las decisiones del Cielo, y los decretos tomados por Hakadosh Baruj Hu, Metatrón lleva el papel en el mundo espiritual de:

1. Testigo,
2. y de custodio de los acuerdos Divinos con la humanidad y los Tzadikim.

Los involucrados en los decretos Divinos son:

1. D-ios,
2. Metatrón,
3. y las personas objeto del decreto.

Pero Metratón inscribe en el Cielo los méritos de Israel.

- Ese acuerdo ocurrió cuando Adam le dió 70 años de vida a David en el mundo espiritual.

- El acuerdo fue entre:
    1. D-ios
    2. Metatrón
    3. Adam.

- Metatrón es el testigo original de toda la humanidad, luego el conoce toda nuestra historia y se la podemos consultar.

- Otros tres testigos se involucran en los decretos y co-firman, y esos son:
    1. Gabriel
    2. Mijael
    3. Serafiel.

Misión del Mashiah

Operación
Rescate

¿Cómo el Mashiah Ben David procede al **rescate** del ordenador astral, para ponerlo a disposición de la plenitud para la humanidad?

- Metatrón se encarna en el Melej Ha Mashiah llevándole la Berajá (bendición) de Isaac Avinu, y las virtudes de Abraham, Isaac, Yaacov, Yosef y Moshe, por haber transmigrado en estos patriarcas.

- Ese recipiente es tan puro que Hakadosh Baruj Hu lo acepta como su trono en la Tierra después de haberle rescatado al cosmos (su hijo) del secuestro.

- Con Hakadosh Baruj Hu al mando de nuestro mundo ya se acabó el miedo y reina el amor.

Las Joyas de la Sabiduría de Metatrón

Bendición de Isaac

que le dio a su hijo **Yaacov**

Torah - Bereshit 27 (Toledot)
Versículos 28 y 29

כח וְיִתֶּן-לְךָ, הָאֱלֹהִים, מִטַּל הַשָּׁמַיִם, וּמִשְׁמַנֵּי הָאָרֶץ--וְרֹב דָּגָן, וְתִירֹשׁ.
כט יַעַבְדוּךָ עַמִּים, וישתחו (וְיִשְׁתַּחֲווּ) לְךָ לְאֻמִּים--הֱוֵה גְבִיר לְאַחֶיךָ,
וְיִשְׁתַּחֲווּ לְךָ בְּנֵי אִמֶּךָ; אֹרְרֶיךָ אָרוּר, וּמְבָרְכֶיךָ בָּרוּךְ.

28. D-ios te de del rocío de los Cielos, y de las grosuras de la Tierra, y abundante trigo y vino.

29. Sirvante pueblos y prosternense delante de ti naciones: se señor de tus hermanos, e inclinense a ti los hijos de tu madre. Los que te maldijeren sean malditos, y benditos los que te bendijeren.

Fuente de la traducción: La voz de la Torah - Elie Munk

El sonido del Shofar

- El sonido del Shofar es un medio de acudir a solicitar ayuda de los ángeles, para que este sonido sea escuchado por D-ios, más allá de los Cielos, del otro lado de la cortina.

- Para ello acudimos al ángel TARTIEL (meditación en la pág. 106) que recibe el sonido del Shofar por mediación de Eliyahu Ha Nabi y por mediación de Yehoshua Bin Nun y por mediación de Metatrón y por ese medio Hakadosh Baruj Hu nos colma de misericordia.

Las Joyas de la Sabiduría de Metatrón

- El Melej Ha Mashiah Ben David (es el anfitrión de Metatrón, que se ha reencarnado en él) rescata el trono de Hakadosh Baruj Hu:

- Domina a los Sarim con la Akedat Itzjak.

- Domina a los Erev Rav rompiendo las tablas.

- Domina a los Shedim venciendo a su padre: Samael, y a su madre Lilith, difundiendo el Zohar (Jidushim) e impidiendo el Lashon Hara y el Zera Levatala.

- Vence a los Mazikim con el Shabbat.

- Vence a los Mekatreguim generando mérito en el humano.

Dibuk de Metatrón en el Mashiah

Bendición que le dio Isaac a Yaacov.

Yaacov no la usó, sino que se la dio en custodia a Metatrón para el Mashiah.

Metatrón recupera las virtudes de los Patriarcas.

Metatrón se enfunda en la consciencia del Mashiah.

Bendición que le dio **Isaac** a **Yaacov**

Esa bendición, Yaacov no la usó!

Es custodiada por Metatrón, que se la entregará al **Mashiah**, por la vía del **Dibuk**.

Metatrón le entrega la **bendición** al Mashiah

Metatrón recupera las **virtudes de los Patriarcas**

VIRTUDES

• Abraham • Isaac • Yaacov • Yosef • Moshe

Metatrón, una vez que posee las virtudes de los Patriarcas, se enfunda en la **consciencia del Mashiah.**

Metatrón le da al Mashiah la bendición de Isaac por la vía del **Dibuk.**

Virtudes de los Patriarcas

Patriarcas

Metatrón

Mashiah

El Melej Ha Mashiah Ben David es el **anfitrión** de Metatrón

El Mashiah Ben David tiene que **vencer 5 guerras**

1. La guerra contra los SARIM (Shemot de la Akedat Isaac).
2. La guerra contra los EREV RAV (rompiendo las Tablas).
3. La guerra contra SAMAEL (enseñando Jdushim).
4. La guerra contra LILITH (trayendo almas de Tzadikim).
5. La guerra contra los DEMONIOS (haciendo Shabbat).

LOS DEMONIOS SON:	**SOLUCIÓN:**
• NEFILIM (contra Shalom Bait)	→ MIKVEH
• GUIBORIM (honores que destruyen)	→ Lectura de la KETORET
• AMALEKIM (alejan de la Kabbalah)	→ Rezar MINJA con KAVANAH
• ANAKIM (generan odio gratuito)	→ AMANDO al CREADOR
• REFAIM (generan discordia)	→ SHALOM BAIT y SHABBAT

Herramientas

¿Cómo el **Mashiah** ejerce el **dominio** sobre los secuestradores?

• Samael	▶ Enseñando la Kabbalah con Jidushim
• Lilith	▶ Relación conyugal pura en Shabbat
• Sarim	▶ Shemot de la Akedat Isaac
• Erev Rav	▶ Rompiendo las Tablas
• Shedim	▶ Estudio del Zohar en Jatsot
• Mekatreguim	▶ Dando un mérito a los humanos
• Mazikim	▶ Haciendo Shabbat y enseñándolo

Enseñar y difundir la Kabbalah

para vencer a **Samael**

- ~~Samael~~
- Lilith
- Sarim
- Erev Rav
- Shedim
- Mekatreguim
- Mazikim

Jidushim

nuevas revelaciones

Relación conyugal pura en Shabbat

para vencer a **Lilith**

- ~~Samael~~
- ~~Lilith~~
- Sarim
- Erev Rav
- Shedim
- Mekatreguim
- Mazikim

trayendo Almas de Tzadikim

Shemot de la Akedat Isaac

sacrificio / atadura de Isaac

para vencer a los **Sarim**

- ~~Samael~~
- ~~Lilith~~
- ~~Sarim~~
- Erev Rav
- Shedim
- Mekatreguim
- Mazikim

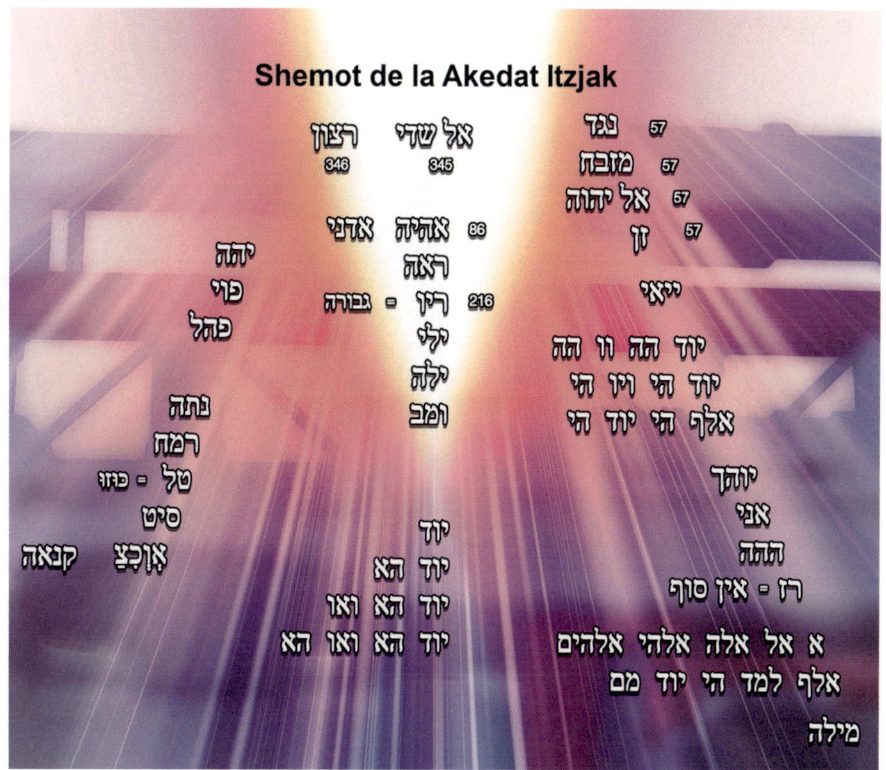

Romper las “Tablas”

para vencer a los **Erev Rav**

- ~~Samael~~
- ~~Lilith~~
- ~~Sarim~~
- ~~Erev Rav~~
- Shedim
- Mekatreguim
- Mazikim

Estudio del Zohar en Jatsot

para vencer a los **Shedim**

- ~~Samael~~
- ~~Lilith~~
- ~~Sarim~~
- ~~Erev Rav~~
- ~~Shedim~~
- Mekatreguim
- Mazikim

Jatsot:
inicio de la segunda mitad de la noche

Dar méritos a los humanos

para vencer a los **Mekatreguim**

- ~~Samael~~
- ~~Lilith~~
- ~~Sarim~~
- ~~Erev Rav~~
- ~~Shedim~~
- ~~Mekatreguim~~
- Mazikim

Estudiar Zohar

Hacer Tefilah con Kavanah

Hacer el Mikveh

Lectura de la Ketoret en pergamino

Escuchar el Shofar

Hacer Hitbodedut

Hacer Hitbonenut, y meditar Shemot

Hacer buenas acciones

Hacer Tzedaka

Mantener estudiantes de Kabbalah ...

Hacer Shabbat y enseñarlo

para vencer a los **Mazikim**

- ~~Samael~~
- ~~Lilith~~
- ~~Sarim~~
- ~~Erev Rav~~
- ~~Shedim~~
- ~~Mekatreguim~~
- ~~Mazikim~~

Intrincación

Entrelazamiento cuántico

La ley de **intrincación**

Un conjunto de partículas entrelazadas (en su término técnico en inglés: *entangled*) **no pueden definirse como partículas individuales** con estados definidos, **sino como un sistema con una función de onda única para todo el sistema.**

El **alma del Mashiah** está intrincada con la humanidad, de antes del pecado original, de antes de la división de las almas.

El **Mashiah** adquiere las virtudes de los Patriarcas, y por la ley de la **intrincación,** las activa en los humanos.

VIRTUDES

- Abraham
- Isaac
- Yaacov
- Yosef
- Moshe

El Mundo **se libera** de sus cadenas

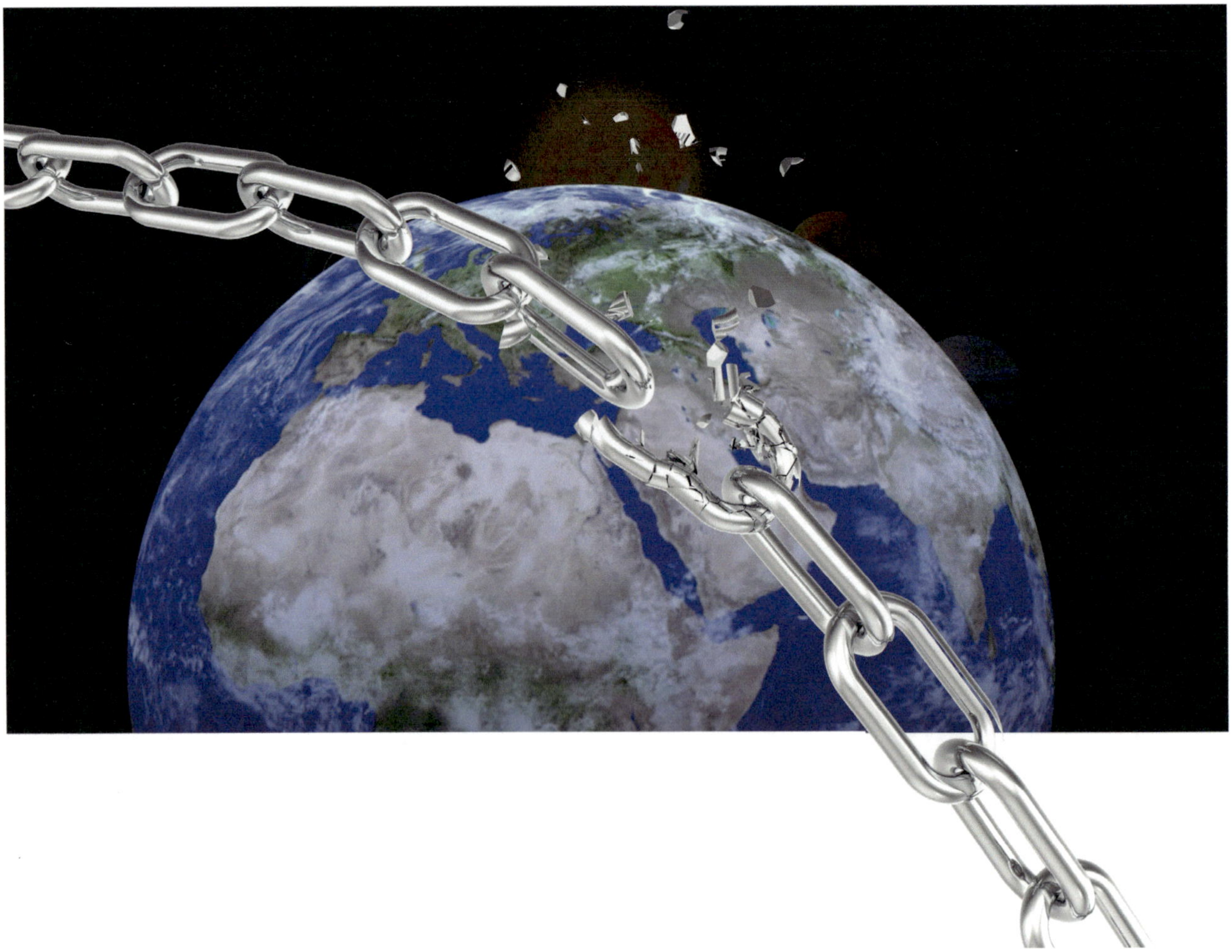

Metatrón será el **trono** de **Hakadosh Baruj Hu** que regentará de nuevo la Tierra.

Metatrón **rescatará el cosmos,** el cual será una **herramienta** de los humanos, en vez de ser un Tikún / Karma contra los humanos.

El cosmos se transforma en **amistoso.**

Será el **fin del miedo.**

Principio del **amor,** energía de Hakadosh Baruj Hu que volverá a transitar por los humanos.

El Mashiah se constituye en el **Trono de Gloria** en donde la consciencia de D-ios se asienta y vuelve la paz.

Conclusión

Curemos este Mundo.
Curemos la Humanidad.
Sequemos las lágrimas de sufrimiento.
Vamos a establecer **PAZ** en la Tierra.
Vamos a establecer **ABUNDANCIA.**
Vamos a establecer **PLENITUD.**

Plantando el **mundo espiritual** en el **mundo material,** con los paradigmas de la **ERA del MASHIAH.**

Meditaciones

מטטרון

METATRÓN

ZEGAZGANAEL

SURIEL Sar HaPanim
סוריאל שר הפנים

SEGANSAGUIEL

TARTIEL

YEFIFIA

Hermoso

רחש תמיף

RAJASH TAMIF

Elimina malos espíritus

Los 72 Genios

1. YHVH - hebreos
2. AYDI - turcos
3. ALLA - árabes
4. _____ - caldeos
5. TEUT - egipcios
6. ABED - etiopes
7. _____ - armenios
8. MOTI - georgios
9. AGZI - abisinios
10. EIPI - persas
11. DEUS - latinos
12. TEOS - griegos
13. BOOG - illerianos
14. DIOS - españoles
15. IDIO - italianos
16. DIEU - franceses
17. GOTH - germanos
18. BOOG - polacos
19. BOGI - húngaros
20. TIOS - moscovitas
21. BUEG - bohemios
22. GOOD - ingleses
23. DIEH - hiberneos
24. ESAR - etruscos
25. ORSY - magos
26. AGDY o ABDY - sarracenos
27. TEOS - coptos
28. ADED - asirios
29. ZIMI - peruanos
30. TURA - indios
31. TELI - chinos
32. ANOT - tártaros
33. AGAD - hesperidos
34. ANEB - Congo
35. NUP - angoles
36. ALLA - mauros
37. ABDA - filósofos
38. AGLA - kabbalistas
39. GOOT - escoceses
40. GOED - belgas
41. GUDI - irlandeses
42. BUID - canadienses
43. SOLU - californianos
44. BOSA - mexicanos
45. HOBO - pueblo de Quito
46. PINO - Paraguay
47. NANA - Chile
48. ZACA - japoneses
49. MARA - filipinos
50. POLA - samaritanos
51. BILA - barsieus
52. ABAG - melindaos
53. OBRA - maltecos
54. BORA - zaflanios
55. ALAI - de Ormuz
56. ILLI - de Aden
57. POPA - ciremianos
58. PARA - celanitas
59. ELLA - Mesopotamia
60. GENE - Tibet
61. SILA - betulianos
62. SUNA - carmanianos
63. MIRI - camboyanos
64. ALLI - mongoles
65. TARA - gimnósofos
66. PORA - bramanes
67. BOGO - albanios
68. DEPOS - peloponesos
69. DEOS - cretenses
70. ARIS - beocios
71. ZEUT - frigios
72. KALO - Tracia

Difusión de Kabbalah descodificada

Los cursos en video sobre este tema y las meditaciones se pueden ver en nuestra web: www.kabbalahmashiah.com

En el canal de YouTube: kabbalahmashiah

Facebook: https://www.facebook.com/kabbalah.mashiah

El autor Albert Gozlan agradece a su equipo de Kabbalah Mashiah coordinado por Sharon Rivka en su labor de difusión.

Otros libros del autor:

Albert Gozlan

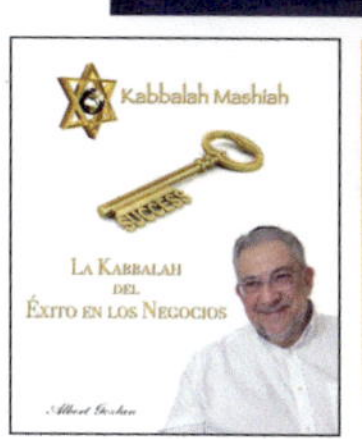

Made in the USA
Thornton, CO
12/23/23 22:14:06

fbc50952-510f-44e8-8fb9-20227aa730c6R01